Así son las familias

Fabiola Sepulveda

Notas para los adultos

Este libro sin palabras ofrece una valiosa experiencia de lectura compartida a los niños que aún no saben leer palabras o que están empezando a aprender a leer. Los niños pueden mirar las páginas para obtener información a partir de lo que ven y también pueden sugerir textos posibles para contar la historia.

Para ampliar esta experiencia de lectura, realice una o más de las siguientes actividades:

Comente con el niño qué es lo que hace que una familia sea una familia.

Al mirar las imágenes y contar la historia, introduzca elementos de vocabulario, como las siguientes palabras y frases:

- abrazos
- actividad física
- amor
- aprender
- ayudar
- comida
- consuelo
- enseñar
- hogar
- jugar
- refugio
- salud
- seguridad
- unión

Hablen sobre otras cosas que hacen las familias y qué papel cumple la familia en la vida de su niño. Cada familia es única, y las cosas que hacen las familias son innumerables.

Después de mirar las imágenes, vuelvan al libro una y otra vez. Volver a leer es una excelente herramienta para desarrollar destrezas de lectoescritura.

Anime al niño a hacer un libro de su familia con fotos tomadas por él o dibujos hechos por él.

Asesora
Cynthia Malo, M.A.Ed.

Créditos de publicación
Rachelle Cracchiolo, M.S.Ed., *Editora comercial*
Emily R. Smith, M.A.Ed., *Vicepresidenta superior de desarrollo de contenido*
Véronique Bos, *Vicepresidenta de desarrollo creativo*
Dona Herweck Rice, *Gerenta general de contenido*
Caroline Gasca, M.S.Ed., *Gerenta general de contenido*

Créditos de imágenes: todas las imágenes cortesía de iStock y/o Shutterstock

Library of Congress Cataloging-in-Publication Data
Names: Sepulveda, Fabiola, author.
Title: Así son las familias / Fabiola Sepulveda.
Other titles: What families are for. Spanish
Description: Huntington Beach, CA : Teacher Created Materials, Inc., [2025] | Audience: Ages 3-9 | Summary: "Families offer so many things, from providing safety to giving love. Look at some of the wonderful things that families do"-- Provided by publisher.
Identifiers: LCCN 2024027015 (print) | LCCN 2024027016 (ebook) | ISBN 9798765961704 (paperback) | ISBN 9798765966655 (ebook)
Subjects: LCSH: Families--Juvenile literature.
Classification: LCC HQ744 .S38718 2025 (print) | LCC HQ744 (ebook) | DDC 306.85--dc23/eng/20240620

Se prohíbe la reproducción y la distribución de este libro por cualquier medio sin autorización escrita de la editorial.

5482 Argosy Avenue
Huntington Beach, CA 92649
www.tcmpub.com
ISBN 979-8-7659-6170-4
© 2025 Teacher Created Materials, Inc.
Printed by: 926. Printed in: Malaysia. PO#: PO13820